AS CONSTELAÇÕES FAMILIARES
EM SUA VIDA DIÁRIA

Joy Manné

AS CONSTELAÇÕES FAMILIARES EM SUA VIDA DIÁRIA

Tradução
ROSANE ALBERT

Editora Cultrix
SÃO PAULO

Título original: *Les constellations familiales.*
Copyright © 2005 Éditions Jouvence, S.A.
Publicado originalmente por Éditions Jouvence S.A., Chemin due Guillon, 20
– Case 143, CH-1233 Bernex (Suíça)
http://www.editions-jouvence.com – info@editions-jouvence.com
Copyright da edição brasileira © 2008 Editora Pensamento-Cultrix Ltda.

1ª edição 2008.
7ª reimpressão 2019.

Todos os direitos reservados. Nenhuma parte deste livro pode ser reproduzida ou usada de qualquer forma ou por qualquer meio, eletrônico ou mecânico, inclusive fotocópias, gravações ou sistema de armazenamento em banco de dados, sem permissão por escrito, exceto nos casos de trechos curtos citados em resenhas críticas ou artigos de revistas.

A Editora Cultrix não se responsabiliza por eventuais mudanças ocorridas nos endereços convencionais ou eletrônicos citados neste livro.

Dados Internacionais de Catalogação na Publicação (CIP)
(Câmara Brasileira do Livro, SP, Brasil)

Manné, Joy
    As constelações familiares em sua vida diária / Joy Manné ; tradução Rosane Albert. -- São Paulo : Cultrix, 2008.

    Título original: Les constellations familiales.
    Bibliografia.
    ISBN 978-85-316-0997-8
    1. Terapia familiar I. Título.

07-9618   CDD-66.89156
                                                                               NLM-WM 430

Índices para catálogo sistemático:
1. Terapia familiar : Psicoterapia : Medicina 616.89156

Direitos de tradução para o Brasil adquiridos com exclusividade pela
EDITORA PENSAMENTO-CULTRIX LTDA., que se reserva a propriedade
literária desta tradução.
Rua Dr. Mário Vicente, 368 – 04270-000 – São Paulo, SP
Fone: (11) 2066-9000
E-mail: atendimento@editoracultrix.com.br
http://www.editoracultrix.com.br

Foi feito o depósito legal.

SUMÁRIO

Prefácio de Bert Hellinger 9

Agradecimentos 11

1 • A terapia familiar sistêmica 13

2 • O método de trabalho nas constelações familiares 23

3 • As leis que governam os sistemas familiares 51

4 • A integração da sabedoria das constelações familiares na vida diária 73

5 • Extensão do campo de aplicação das constelações 101

6 • Detalhes práticos 107

Conclusão 111

Bibliografia 112

*Dedico este livro a Morris,
meu tio adorado,*

e também a

*Bert Hellinger, cujos ensinamentos
me são tão preciosos.*

PREFÁCIO DE BERT HELLINGER

Querida Joy,

Enquanto lia os originais do seu livro, a todo momento eu ficava espantado com a clareza a que você chegou, reduzindo os problemas mais complexos à sua mais simples expressão. Muitas vezes eu me surpreendi felicitando-a mentalmente. De uma hora para outra, eles se tornavam completamente evidentes.

Este livro é especial. Ele serve de introdução (longamente esperada) a todos os problemas que foram trazidos à luz pelo conceito de "constelações familiares". E é uma leitura ao mesmo tempo tão fácil e tão magnífica. Além disso, ele reaviva a alma com sugestões surpreendentes sobre a maneira de tornar nossa vida e nossos relacionamentos mais ricos e gratificantes. Um livro que clama por outros de sua autoria.

Agradeço a você por esta obra notável. Tenho certeza de que ela encontrará acolhida no coração de inúmeros leitores.

Sinceramente,
Bert Hellinger

AGRADECIMENTOS

Todas as vezes que isso foi possível, extraí os estudos de caso da minha experiência. De outras, empresteios do livro de Bert Hellinger, *Love's Hidden Symmetry*,[*] e estão indicados em notas de rodapé.

Preciso agradecer a Philippa Lubbock e Richard Wallstein, que me iniciaram no trabalho de Bert Hellinger. Agradeço a Bert Hellinger por todos os benefícios que as constelações familiares me trouxeram, tanto como pessoa como na qualidade de terapeuta, representante e espectadora. Ewa Foley e sua equipe do seminário ISI têm toda a minha gratidão pela organização dos grandes *workshops* que conduzi na Polônia, *workshops* que refletem a graça e a competência dessa mulher.

Foi com muito prazer e felicidade que reuni minhas experiências para escrever este livro. Sou muito grata a Jacques Maire das Éditions Jouvence por esta oportunidade que ele me ofereceu. Agradeço também a Ann Harrison, que pratica as constelações familiares na Austrália, por sua leitura crítica e construtiva, e por seu incentivo.

---

[*] *A Simetria Oculta do Amor*, publicado pela Editora Cultrix, São Paulo, 1999.

1

A terapia familiar sistêmica

Hoje, quando se faz menção à terapia familiar sistêmica, pensa-se em Bert Hellinger e seu método das constelações familiares.

Bert Hellinger nasceu na Alemanha em 1925. A fé dos seus pais preserva a família do nazismo. Em sua juventude, ele supõe ser um inimigo do povo. Com vinte anos, ele se prepara para se tornar padre. Trabalha como missionário na África do Sul entre os zulus durante dezesseis anos, período em que foi ao mesmo tempo padre e diretor de uma escola de tamanho considerável.

As influências de maior peso que Hellinger sofreu foram ricas e variadas. A experiência da sua primeira infância cobre o período que antecede a guerra na Alemanha: o nazismo – ao qual ele se opõe – assim como a guerra e suas conseqüências. Na qualidade de sacerdote, vê-se diante dos costumes, dos rituais e da música zulus. Uma formação ecumênica somada à dinâmica de grupo fundada no diálogo, na fenomenologia e na experiência humana marca para ele uma etapa decisiva. Depois de 25 anos como padre, ele deixa sua congregação religiosa, volta à Alemanha, parte para uma formação em psicanálise e se casa.

Hellinger estuda inúmeras abordagens terapêuticas. Trabalha com Arthur Janov, conhecido por seu livro *Le Cri Primal*, que lhe ensina a terapia baseada na respiração e no corpo. Ele se forma na Gestalt, na análise transacional, na terapia familiar sistêmica, em constelações familiares (Ruth McClendon e Leslie Kadis), na programação neurolingüística, em terapia provocativa (Frank Farelly) e na terapia do abraço (Irena Precop).

Hellinger se define hoje como filósofo e é influenciado pelos trabalhos de Martin Heidegger.[1] Sua curiosidade intelectual o leva em direção a novos conhecimentos. Ele qualifica seu método de fenomenológico. É um método profundamente empírico cujo estudo experimental lhe permitiu descobrir inúmeras leis que governam nossa vida e nosso destino. Quando Hellinger aborda a questão des-

---
1. www.hellinger.com

sas leis, ele se recusa a ser categórico, com medo de alienar sua preciosa liberdade para evoluir e aprender. Ele incessantemente põe à prova essas leis, como o fazem todos aqueles que praticam as constelações. Elas são validadas, adaptadas e até mesmo revogadas por seu método fenomenológico.

O poder dos sistemas familiares

Ao vir ao mundo no seio de uma família, não herdamos somente um patrimônio genético, mas sistemas de crença e esquemas de comportamento. Nossa família é um campo de energia no interior do qual nós evoluímos. Cada um, desde seu nascimento, ocupa aqui um lugar único. Do mesmo modo que os aviões aguardando em cima de um aeroporto atravancado – cada um à velocidade e altitude que lhes são próprias (momentos que parecem intermináveis para os passageiros) –, nós somos, também, mantidos em nosso campo familiar pessoal e individual num nível determinado, que entrava ou faz crescer a nossa disposição para ser feliz, escolher livremente, ter êxito naquilo que empreendemos, para fazer durar os relacionamentos agradáveis, a saúde, o bem-estar e também as doenças. Acontece que experimentamos o sentimento de termos sido mantidos nos esquemas problemáticos desde tempos imemoriais.

As constelações familiares nos dão a oportunidade de compreender os esquemas em seu nível mais profundo. Elas permitem que nos libertemos, ao mesmo tempo que encontramos a paz e a felicidade.

A natureza do nosso campo de energia familiar é determinada pela história da nossa família, principalmente sua religião e suas crenças, em outras palavras, sua consciência. Nosso país de origem, a religião em meio à qual nascemos, também desempenham um papel. Essa natureza é moldada por acontecimentos marcantes, como a história dos relacionamentos dos pais e dos avós, morte de uma criança muito nova, aborto, parto prematuro, adoção, suicídio, guerra, exílio forçado, troca de religião, incesto, antepassado agressor ou vítima, traição, ou mesmo a confiança. As ações generosas e altruístas de nossos pais e de nossos antepassados são saudáveis para nós, enquanto suas más ações modificam o campo energético familiar, obrigando as gerações posteriores a pagar o preço. Entre as más ações estão: adquirir bens de forma duvidosa, trapacear ou roubar, pertencer a uma corporação cuja função envolva matar (como o exército, por exemplo), as diferentes formas de violência, a internação psiquiátrica ou a prisão de membros da família, os acidentes que terminam em morte, renegar sua religião ou seu país.

O comportamento dos nossos antepassados em relação às mulheres ou aos homens afeta nossa aptidão para criar bons relacionamentos. A ausência de respeito e da gratidão a que nossos antepassados têm direito também altera o campo de energia. O provérbio bíblico *"até a terceira e quarta geração"*[2] confirma-se nas constelações familiares. Pode até ser que a influência decorra daí.

Imersos no campo energético familiar, ignoramos sua influência que permanece fora da nossa consciência. Estamos presos a comportamentos e atitudes que nos derrotam e incitam a cometer atos que não compreendemos e dos quais acabamos por nos arrepender.

As constelações familiares nos ensinam que a nossa família é a nossa sina. Entretanto, não estamos irremediavelmente presos a essa sina e podemos alcançar a cura. Ao compreender os mecanismos desse processo, ficamos na posse do poder de controlar o nosso comportamento a fim de evitar sofrimento para as gerações futuras.

---

2. Êxodo, 20-5.

O método fenomenológico

Hellinger qualifica seu método de "fenomenológico". O que ele quer dizer com isso?

O fundamento do trabalho em constelações familiares é "aceitar as coisas como elas são"; este é, aliás, o título de um dos livros de Hellinger. Os terapeutas não podem conceber, relativamente aos seus clientes, desejos e objetivos pessoais. O seu papel é colocar-se a serviço do campo de energia. Eles se interessam pelo que é, pelo momento presente. A história familiar ajuda a clarear a posição dos representantes, nós a utilizamos como fonte de informações factuais. Evitamos todo julgamento e qualquer interpretação.

Hellinger explica seu método[3] dessa maneira: "A serenidade e a lucidez diante dos acontecimentos tornam-se possíveis pelo fato de 'aceitar o mundo como ele é', sem intenção de fazê-lo mudar. Trata-se, fundamentalmente, de uma posição religiosa, já que ela me alinha com um Todo que me transcende sem que para isso me separe dele. Não pretendo atingir um conhecimento superior e não espero realizar nada mais do que aquilo que as forças internas, já

---

3. Hellinger B., *Love's Hidden Symmetry: What Makes Love Work in Relationships*, p. 91, 1996.

funcionando dentro do sistema, realizariam sozinhas. Quando testemunho um acontecimento terrível, esse é também um aspecto do mundo, e eu aceito isso. Quando vejo algo de bom, eu também aceito isso. Dou a essa postura o nome de 'humildade': é o fato de aceitar o mundo tal como ele é. Só essa aceitação torna possível a percepção. Sem ela, os desejos, os medos, os julgamentos (as construções do meu espírito), interferem na minha percepção." Essa postura está na origem dos movimentos de onde decorre a harmonia.

O amor: a energia que anima as constelações familiares

A terapia e o desenvolvimento pessoal se manifestam em diferentes níveis, que podemos pensar em termos de ego e de alma.[4] No plano do ego, todos temos nossas histórias: "Meu marido me enganou" – "Tenho um filho problemático" – "Minha mãe é responsável pelo suicídio do meu pai". Temos o hábito de enxergar de um lado as vítimas e do outro os agressores. As vítimas são inocentes, enquanto os agressores são responsáveis pelo sofrimento que

---
4. Manné J., *De la thérapie de l'ego à la quête de l'âme*, Éditions Jouvence, 2005.

causaram, conseqüentemente eles devem ser censurados e punidos. As histórias que sempre contamos sobre a nossa família e sobre acontecimentos importantes que se deram nela não são "verdadeiras". Não passam do reflexo da nossa interpretação dos acontecimentos de que fomos testemunhas ou dos quais participamos. Nossas histórias são as idéias que formamos sobre o que se passou. As constelações familiares buscam com amor, e sem qualquer julgamento, aquilo que realmente aconteceu. Tentam trazer à tona a estrutura do campo de energia familiar, que levou os membros de uma família a se tornarem agressores ou vítimas, a ficarem com problemas mentais ou doentes, e levar a cura a essa estrutura.

O plano da alma é um plano de amor puro, desprovido da intenção de julgamento e de punição. Ele se caracteriza pelo fato de assumir totalmente suas responsabilidades. Mais do que se preocupar em incriminar uns e outros, ele enxerga além. Alguns acontecimentos familiares ocorreram há muito tempo, o que resulta para nós em atos e pensamentos que escapam do nosso controle consciente. Mesmo que isso ocorra, não procuramos por desculpas. Assumimos nossa responsabilidade e, às vezes, chegamos até mesmo a assumir a culpa por eles. Numa constelação familiar, colocamos as questões: "O que se passou na minha família ou na do meu marido que o levou a me trair? O que se passa entre mim e meu marido, ou em nosso campo de energia, para que meu filho seja tão problemático? O que se passou na família do meu pai que possa explicar por que ele se suicidou?" Procuramos compreender e curar por meio do amor.

2

O método de trabalho nas constelações familiares

Na maioria das vezes, as constelações familiares são conduzidas no seio de um grupo de trabalho, mas certos terapeutas as praticam em sessões individuais. De um modo ou de outro, elas seguem um determinado número de etapas. Num primeiro momento, o terapeuta esclarece o problema ou a questão do cliente. São então escolhidos representantes entre os membros do grupo: a constelação é montada e se desenrola progressivamente até a sua solução, ou até o momento em que fica evidente que sua solução é impossível – que é, de certo modo, uma solução à parte. Podemos introduzir um ritual de encerramento de sessão, assim como conselhos sobre a maneira de integrar aquilo que a constelação revela.

A constelação no grupo de trabalho

1ª etapa • A definição do problema

O terapeuta pergunta ao cliente qual é o problema, ou seja, ele quer saber o que o leva a uma constelação familiar. A informação que o terapeuta procura é então puramente factual. Ele não está interessado na história "habitual", em interpretações, julgamentos e explicações que a acompanham. O problema pode ser, por exemplo: "Não consigo me sentir feliz" – "Tenho câncer" – "Meu filho é deficiente".

O fundamento do método fenomenológico consiste em se concentrar nos fatos, *naquilo que é*. Quando um cliente diz: "Minha mãe não me ama", ele dá uma interpretação do comportamento de sua mãe. O terapeuta tentará obter informações factuais ao lhe perguntar, por exemplo: "Como é que você sabe disso?" O cliente não tem como saber. O que esse trabalho nos ensina é que quando uma criança se sente mal-amada, sua mãe se acha envolvida ou comprometida num esquema de bloqueio, que a impede de dar livre curso a seu desejo de ser uma mãe amorosa. O que as constelações familiares revelam é a verdade fundamental que mantém a situação dolorosa.

Uma vez formulado o problema, a pergunta que surge com mais freqüência é: "O que se passou na sua família?"

ESTUDO DE CASO

O terapeuta: "Qual é o seu problema?"
A cliente: "Vivo um relacionamento positivo e, no entanto, não consigo me sentir feliz."
O terapeuta: "O que se passou na sua família?"
A cliente: "Minha mãe perdeu um filho. Isso aconteceu antes do meu nascimento."
O terapeuta: "Quanto tempo antes do seu nascimento?"
A cliente: "Dois anos."

Para muitos terapeutas, essas informações são suficientes para começar. Outros desejarão saber mais e farão mais perguntas.

O terapeuta: "Você tem irmãos e irmãs?"
A cliente: "Sim, um irmão mais velho e uma irmã caçula."
O terapeuta: "Como vão eles?"
A cliente: "Minha irmã divorciou-se no ano passado e meu irmão está sempre com problemas de saúde."
O terapeuta: "Você sabe o sexo da criança que seus pais perderam?"

A cliente: "Não."
O terapeuta: "Seus pais continuam juntos?"

2ª etapa • A escolha dos representantes
A cliente escolhe os participantes para representar os membros selecionados da família e para representá-la. Normalmente, no início de uma constelação, o terapeuta se prende a um número mínimo. No nosso exemplo, ele chama os representantes da cliente, de seu companheiro e de seu irmão morto.

O terapeuta pode, ao longo do trabalho, integrar outros representantes. Neste caso, em particular, trata-se provavelmente dos pais da cliente, de seu irmão e de sua irmã que ainda vivem. Isso, entretanto, não é de nenhum modo obrigatório, já que cada constelação é única e jamais podemos predizer com certeza o desenrolar de uma constelação.

3ª etapa • Montagem da constelação
O terapeuta pede à cliente que monte a constelação, ou seja, que disponha os representantes no espaço e que lhes transmita uma orientação que dê conta das relações que uns mantêm com os outros. A cliente se concentra profundamente, coloca-se atrás de cada representante, um após o outro, pega-os pelos ombros e os move lentamente até que cada um se encontre numa posição que lhe convenha. A coloca-

ção dos representantes em seus lugares se faz intuitivamente, sem reflexão. É na atribuição de seus lugares que a constelação emerge e que um campo de energia autônomo se cria. Uma vez formada a constelação, a cliente senta-se entre os participantes e observa o que se passa.

Pode acontecer que o terapeuta monte a constelação familiar ou que uma cliente seja sua própria representante. Em nosso exemplo (ver diagrama 1 a seguir), a cliente instala os representantes dela mesma (C1), de seu falecido irmão (†F) e de seu companheiro (C). Ela os dispõe de modo que a sua representante olhe na direção do seu irmão morto, e que os representantes de seu companheiro e do seu irmão morto olhem para sua representante.

A constelação mostra que a atenção da cliente está focalizada no irmão morto, enquanto a do seu companheiro está direcionada para ela. Certamente, o diagrama não pode refletir as expressões de seus representantes, mas elas certamente são visíveis para o terapeuta, a cliente e os membros do grupo. Todos podem ver o olhar terno trocado entre a cliente e seu irmão morto assim como o olhar inquieto que seu companheiro lhe lança.

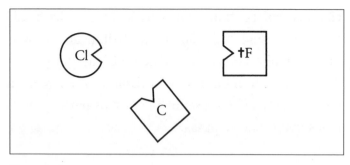

Diagrama 1
C1 = a representante da cliente
†F = o representante do irmão morto
C = o representante do companheiro da cliente

4ª etapa • O processo de solução
Existem duas formas de trabalhar nas constelações familiares. A primeira traz a intervenção do terapeuta, que pede a cada um dos representantes que descreva o que lhe acontece. As informações que ele recebe desse modo são puramente factuais e fenomenológicas, sendo excluídas todas as explicações ou interpretações. O terapeuta pode assim mover os representantes a fim de que eles possam se ver ou se afastar uns dos outros. Pode ser até que ele os faça sair da constelação. Mas, quando os representantes ficam habituados a se deixar guiar pelo campo de energia, o terapeuta não intervém mais, deixa o campo operar. Os movimentos são lentos e a energia é muito intensa; nós os chamamos de "movimentos

da alma", e eles podem levar uma constelação até sua solução sem que se pronuncie uma só palavra.

Os filmes que Hellinger realizou sobre seu trabalho fornecem inúmeros exemplos desses "movimentos da alma".

Em nosso estudo de caso, o terapeuta intervém e faz perguntas:

> *O terapeuta dirigindo-se à representante da cliente (C1): "O que está acontecendo?"*
> *A representante da cliente: "Só consigo me interessar pelo meu irmão falecido (†F). Não enxergo o meu companheiro (mostrando o representante do companheiro: C)."*
> *O terapeuta ao representante do companheiro: "O que está acontecendo?"*
> *O representante do companheiro: "Só vejo ela (C1), não me interesso por ele (†F), quero ir na direção dela."*
> *O terapeuta ao representante do irmão morto: "O que está acontecendo?"*
> *O representante do irmão morto: "Amo minha irmã, quero ir em sua direção."*

O irmão falecido e sua irmã caminham lentamente um na direção do outro e se abraçam. Ela apóia a cabeça no ombro dele e chora emocionada.

O terapeuta faz uma pausa longa, depois pede à cliente que tome seu lugar na constelação.

Substituir o representante pelo cliente

Às vezes, os clientes representam a si mesmos no começo da constelação. Em outras ocasiões, como no nosso exemplo, esse lugar é ocupado por uma pessoa qualquer até o momento em que o terapeuta pede ao cliente que assuma o lugar que seu representante agora deve abandonar. Isso ocorre muito lentamente e com muita delicadeza.

Continuar a constelação com o cliente

O terapeuta: "Diga a ele: 'A vida inteira senti sua falta'."
A cliente: "A vida inteira senti sua falta." Muito emocionada, ela acrescenta por conta própria: "Eu queria muito ter você como irmão."

A cliente parece aliviada ao pronunciar essas palavras; ela balança a cabeça lentamente diversas vezes, à medida que entende o alcance do que acabou de dizer. Depois de algum tempo, a energia se desloca. A cliente deixa seu irmão se afastar dela e recua um passo. Sem soltar sua mão, ela olha seu companheiro pela primeira vez. Ela sorri.

O terapeuta: "Diga a seu irmão: 'Este é o meu companheiro'."
A cliente ao representante do irmão falecido: "Este é o meu companheiro."

O irmão morto olha o companheiro amigavelmente. A cliente atrai seu companheiro para junto de si e solta a mão do irmão morto. Eles ficam diante do irmão e o olham com carinho.

O terapeuta: "Diga a ele (aponta para o irmão morto): 'Você continua a viver em mim. Eu o reverencio, eu o respeito, e você ocupa um lugar no meu coração. Em algum momento, quando chegar a minha hora, eu me juntarei a você. Enquanto isso, eu lhe peço que vele por mim'."

5ª etapa • A solução
O irmão morto sorri para ela. O casal se abraça. O irmão se aproxima e envolve o casal em seus braços.

O terapeuta: "Ficaremos por aqui."

A solução de uma constelação dá aos seus membros a sensação de livrar-se de um peso. Traz paz e satisfação ao seio do campo de energia familiar.

6ª etapa • *O ritual de encerramento*
Existem inúmeras maneiras de deixar seu papel de representante. Às vezes, os representantes circulam pela sala ou saem para esticar as pernas.

Desempenhar o papel de representante numa constelação familiar é uma experiência muito profunda, o que explica por que às vezes é difícil deixá-lo. O cliente pode ser bem-sucedido nessa tarefa ao se aproximar de cada representante, pegar-lhe a mão e agradecer-lhe, dizendo:

> *"Obrigado por ter aceitado representar minha mãe/meu pai/meu companheiro/meu irmão... Agora, pode voltar a ser você mesmo (diga o nome do representante)."*

7ª etapa • *Conselhos para integrar as constelações*
O campo de energia de uma constelação é muito sensível. As constelações são capazes de produzir mudanças profundas. Elas põem em movimento mudanças importantes de processos de cura, que progridem lentamente e se estendem, pouco a pouco, aos diferentes domínios da vida do cliente. Isso pode levar às vezes dois anos. É primordial deixar que siga seu curso livremente, sem intervenções. Por isso, o terapeuta costuma aconselhar o cliente a não falar disso nem com pessoas da família nem com mem-

bros do grupo. Ele pede também aos representantes que não falem com um cliente sobre sua constelação, nem lhe perguntem sobre mudanças ocorridas ou sobre os membros de sua família.

Falar do que se passou reduz a intensidade de energia disponível para a solução da constelação. Isso diminui a liberdade que os clientes têm de trabalhar e integrar sua experiência a seu modo, enfraquecendo assim essa experiência.

No entanto, no fim de uma constelação, muitas vezes o grupo troca idéias sobre suas reflexões. Os representantes podem querer dar ao cliente informações que ele achará úteis. E, ocasionalmente, já que esse trabalho não obedece a nenhuma regra absoluta, mas sim ao respeito total *àquilo que é* (de acordo com a abordagem fenomenológica), o cliente é convidado a contar sua experiência aos membros da família envolvidos na situação.

Nos grupos de formação em que são colocadas as questões, ou se pede ao cliente que saia da sala, ou se delega a ele a responsabilidade de decidir se quer ficar ou sair.

O cliente deve ter a vontade de integrar aquilo que lhe foi mostrado pela constelação. Isso é feito com sucesso quando seu nível de responsabilidade individual é elevado. Quando esse não for o caso, mas se tratar de clientes que procuram pretextos e desculpas e tornam os outros responsáveis por sua vida infeliz, eles integrarão mal o resultado desse trabalho cujo fundamento é "aceitar as coisas como elas são".

Saber reconhecer o fim de uma constelação

Uma constelação termina quando os movimentos necessários foram feitos e integrados e uma solução foi encontrada. Uma boa indicação para isso é dada pelo momento em que se percebe que o campo de energia não cria mais movimentos entre os representantes.

As soluções podem ser surpreendentes. Se não conseguimos acrescentar mais nada, e mesmo que um resultado apaziguador não tenha sido encontrado, é preciso pôr um fim à constelação. Quando não dispomos de informações suficientes para poder trabalhar, é preciso interromper a constelação. Esses casos figurados constituem, eles próprios, as soluções.

Quando um cliente tenta conduzir a constelação de fora (quando ele é apenas espectador) ou de dentro (quando ele é ator), ou se ele intervém no trabalho do terapeuta ou, de uma maneira ou de outra, não respeita o campo, a constelação deve ser interrompida. O mesmo ocorre quando um cliente perde a concentração ou se comporta de tal modo que a intensidade de energia disponível diminui, como quando caçoa ou ironiza.

Alguns terapeutas prendem-se à regra de que, quando um primeiro movimento ocorre numa constelação, está na hora de parar o processo. Mais do que se deixar guiar pela energia, eles tentam controlá-la. Isso cria uma situação desconfortável para o cliente, que se desestabiliza, já que ele está na posição de perceber que um acontecimento positivo, que estava a ponto de se produzir, não vai mais acontecer.

ESTUDO DE CASO

Um cliente não conseguia achar seu lugar no seio de sua família original, mesmo depois do reconhecimento de suas antigas companheiras e de seus filhos mortos. Ele se afasta e depois permanece a uma boa distância. O terapeuta quer que ele se locomova intencionalmente na direção de alguma coisa e decide colocar o representante de um "segredo" ao lado dele. A energia afinal produz seu efeito e o cliente começa a identificar o representante como um tio falecido que ele adorava. Antes mesmo que tenha tempo de comunicar isso ao terapeuta, este pára a constelação. A energia interrompida mergulha o cliente num estado de confusão e o deixa perplexo.

Mais tarde, o cliente trabalha novamente esse episódio numa nova constelação. O tio o abraça, dizendo-lhe: "Estou junto de você e ficarei ao seu lado por toda a sua vida."

O cliente toma consciência de que muitas vezes tinha sentido a presença benéfica do seu tio ao seu lado ao longo da sua vida.

Constelações familiares e seções individuais

Durante as sessões individuais, o terapeuta tem a possibilidade de assumir o papel de todos os representantes ou de confiar essa tarefa ao cliente, que é a escolha que eu faço. Eu me utilizo de pedaços de papel nos quais escrevo o nome de um membro da família, depois dobro uma extremidade em ponta para figurar a orientação do olhar do representante. Peço ao cliente que imagine que se trata de pessoas reais e não pedaços de papel. O cliente forma a constelação normalmente. Ele permanece em seguida ao lado de cada pedaço de papel e faz somente o trabalho dos representantes. Se ele quiser compartilhar sua experiência, ele deixa o espaço da constelação e senta-se afastado dela, ao meu lado. Ali, integramos o que acabou de se passar. Esse método é muito eficaz.

Na minha opinião, não podemos montar a constelação individual em todos os casos ou com qualquer pessoa. Quando um cliente está afastado de suas emoções, não podemos lhe pedir para ser representante em sua própria constelação, quer se trate de um trabalho individual ou de grupo.

A utilidade das palavras libertadoras

Em certos momentos, ao longo de uma constelação, o terapeuta sugere a um dos representantes uma frase apropriada. Em nosso exemplo anterior, essa frase era: "Você me fez falta durante toda a minha vida." Grande parte dessas "frases bem escolhidas" são utilizadas com freqüência em situações particulares de uma constelação familiar. Eu as chamo de *declarações de verdade*.

As *declarações de verdade* não são utilizadas sistematicamente. Elas fazem parte do método experimental. Pode-se dizer que são pertinentes, já que trazem mudanças instantâneas no seio do campo de energia. Os representantes são ajudados, e o peso que recai sobre o campo é aliviado. Quando uma frase é inoportuna, ela se revela pura e simplesmente ineficaz. Os atos de verdade são muito importantes nas antigas religiões indianas e na Bíblia. Jesus disse: *"A verdade o libertará."* A própria essência da frase libertadora é procurar, no campo da energia sistêmica onde ela é necessária, aquilo que é bom para ele. Quando pronunciamos uma *declaração de verdade*, devemos fazê-la com toda a sinceridade. No plano da alma, essa frase é rigorosamente verdadeira. Quando a pronunciamos impregnando-a com um respeito real por seu significado, seu sentido mais profundo se difunde até chegar ao nível do ego e provocar o nascimento de uma nova visão. Os representantes e os espectadores são também tocados pelo efeito benéfico da *declaração de verdade*.

Posições simbólicas e constelações

Quando o cliente está centrado, a constelação parece se formar sozinha. As representações se prendem a direções determinadas. Seu lugar e sua orientação têm um sentido, eles refletem a base do problema.

Não existe qualquer regra absoluta para interpretar uma constelação, mas o terapeuta se apóia em determinados sinais. Por exemplo, os representantes dos pais, colocados de tal sorte que eles olham em direções opostas, ou quando ficam muito próximos um do outro, revelam um relacionamento distanciado ou, ao contrário, uma relação claustrofóbica. Um representante que fixa o solo, em geral olha para uma pessoa falecida. Alguns querem se deitar no chão, esta é uma forma de representar um morto. Se um representante de uma pessoa viva deita-se no chão, isso significa que a pessoa gostaria de morrer, às vezes para acompanhar alguém na morte. Quando um representante está posicionado de modo a não olhar para o grupo, significa freqüentemente que ele gostaria de abandoná-lo ou, mesmo, que desejaria morrer.

Os diferentes tipos de constelações

A constelação pessoal individual
Ocorre no caso de constelações pessoais e quando elas se referem somente a membros de uma família e às pessoas que estiveram interligadas com essa família de modo a influenciar o sistema.

ESTUDO DE CASO

Uma família é destituída de sua fortuna: o pai morre, os filhos ficam privados de sua herança. O pai, a mãe, os filhos são posicionados, talvez também os avós; do mesmo modo que o escroque. A constelação revela às vezes de que maneira uma traição se insinuou no sistema familiar.

A constelação transpessoal

Podemos representar conceitos abstratos numa constelação, por exemplo as doenças (câncer, diabetes), um país, a morte, a vida, o dinheiro, etc.

ESTUDO DE CASO

Uma mãe de família está agonizando. São posicionados na constelação os representantes da vida e da morte. Integra-se essa mulher como representante dela mesma.

Um homem, portador de câncer em fase terminal, é integrado à sua constelação ao lado de um representante de seu câncer.

No primeiro exemplo deste capítulo, poderíamos também integrar conceitos abstratos como o dinheiro ou o caso familiar, a fim de revelar a origem da trapaça.

A presença dos mortos numa constelação

As constelações familiares nos ensinam que a morte é relativa. A terra dos mortos e a dos vivos não são completamente distintas. Os antepassados falecidos, as crianças mortas em tenra idade afetam o campo da energia familiar da mesma maneira que a influência dos agressores continua a afetar as vítimas, estejam eles ainda vivos ou não.

Certas pessoas já falecidas estão em paz, outras não. Devemos agradecê-las, respeitá-las e pranteá-las. O trabalho na constelação familiar pode levar a paz para elas. É assim que os vivos também experimentam a paz.

Os incontáveis benefícios das constelações familiares

Estabelecer a constelação familiar e trabalhá-la depende sem dúvida dos clientes que fazem essa experiência. Costumamos acreditar erroneamente que os representantes e espectadores extraem menos benefícios. Quero corrigir essa idéia equivocada. As constelações têm, de fato, os mesmos efeitos benéficos sobre clientes, espectadores e representantes. Isso pode parecer surpreendente e, entretanto, é mundialmente sabido.

As constelações familiares são a ocasião certa para cada um enriquecer sua experiência de vida e de relacionamentos, num plano muito profundo. O papel do representante e o do espectador nos permitem aprofundar essa experiência de vida com a mesma intensidade que o cliente. Aliás, os clientes que vêm apenas para fazer sua própria constelação passam ao largo de grande parte dos benefícios desse trabalho. Os papéis de representante e de espectador aguçam a nossa capacidade de integração tanto quanto a do cliente. A experiência do campo de energia permite adquirir competências relacionais e habilidades para viver bem o dia-a-dia.

Os benefícios para os clientes e suas famílias
Os clientes trazem sua história, aquela que contam desde sempre sobre sua própria família: o pai tinha tal característica particular, a mãe aquela outra, eles sofreram dessa ou daquela maneira, etc. Eles trazem consigo um quadro que lhes é habitual de boas e más pessoas de sua família. Contaram suas histórias centenas de vezes sem que qualquer mudança se produzisse. Essas histórias jamais são verdadeiras no plano da alma.

Uma constelação familiar liberta os clientes desse paradigma. Eles descobrem as leis que governam seu campo da energia familiar. Fazem a experiência da maneira pela qual uns e outros se complicaram e se envolveram em certos comportamentos ou ações, sem que pudessem agir livremente. No fim de uma constelação, resta-lhes a imagem de consolo, que se insinua ao longo do tempo na sua vida e no seu campo de energia familiar.

Como uma constelação familiar produz seu efeito sobre o campo de energia familiar, ela toca todos os membros de uma família e não somente a pessoa que a montou. No primeiro exemplo do capítulo 2, a cliente e seu companheiro fizeram a experiência simultânea de seu problema de casal e de uma solução. O campo de energia se modificou. A cliente pode agora enxergar seu companheiro. Ela se reconciliou com seu irmão morto, que envolve o casal com um olhar carinhoso. Daqui para a frente, o casal terá uma vida conjunta melhor. A qualidade de vida do irmão e da irmã é também suscetível de melhora. A reconciliação da cliente com seu irmão morto terá certamente o efeito de uma onda e se estenderá aos outros membros da família. Se os pais da cliente não tiverem completado o luto por seu filho, é provável que o luto dela por ele contribua para aliviar em parte a dor deles.

Os benefícios sentidos pelos representantes
Qual é o papel dos representantes? Eles ocupam o lugar de uma pessoa (a mãe do cliente, o pai, o filho, uma vítima ou um agressor, etc.) ou de uma entidade, até mesmo de um conceito abstrato (a vida, a morte, um país). Eles são escolhidos pelo terapeuta ou pelo cliente. Pouco importa a pessoa designada, em geral é mais indicado fazer a correspondência do

sexo dos representantes com aquele das pessoas representadas. Pude, entretanto, constatar que não há diferenças significativas, a menos que, num grupo com número suficiente de homens e de mulheres, um cliente escolha um homem para representar uma mulher ou vice-versa. Uma escolha desse tipo tem um sentido especial.

Quando o terapeuta designa os representantes, ele não pode ser influenciado, já que não sabe com quem se parecem as pessoas representadas. Enquanto o cliente escolherá provavelmente representantes que lembrem, de uma ou de outra maneira, os membros de sua família. Às vezes, isso dá resultados perturbadores. Aconteceu comigo, por exemplo, ter sido escolhida para encarnar alguém que tinha perdido o pai aos seis anos, que é exatamente o meu caso. Esses exemplos de sincronismo são freqüentes.

Uma vez introduzidos no campo, os representantes sentem a mesma coisa que os membros da família experimentam, sem que os clientes tenham forçosamente consciência disso. No exemplo anterior, o representante da cliente era atraído pelo representante do irmão morto, embora a cliente não tivesse tomado consciência dessa influência sobre ela. Em um outro exemplo, os representantes dos pais de um cliente não se olham. O cliente confirma que isso reflete bem o estado do relacionamento deles; ele já sabia disso. Acontece, às vezes, que os segredos de família são assim desvendados.

ESTUDO DE CASO

A representante de uma mãe baixa os olhos para o solo. Coloca-se agora uma pessoa morta estendida no lugar exato em que o olhar está pousado. A representante da mãe desliza lentamente até o chão e, chorando, abraça o falecido. Fica claro para todos que se trata do antigo companheiro da mãe.

O cliente investiga então com sua família e descobre que, com efeito, sua mãe tinha sido casada uma primeira vez antes de encontrar seu pai, e que seu primeiro marido tinha morrido num acidente.

As emoções primárias e secundárias
Um representante adota os sentimentos profundos da pessoa que representa, ele os vivencia. Ele sente incontáveis emoções. As emoções primárias são silenciosas, intensas e profundamente íntimas. Correspondem ao ponto mais profundo do sofrimento e exatamente no centro da dor. Conferem sua beleza ao trabalho da constelação, que elas fazem evoluir até sua solução. A experiência das emoções primárias exclui qualquer demonstração expansiva.

ESTUDO DE CASO

O representante de um general de um país em guerra permanece em pé. Ele olha seus homens mortos em combate e os cidadãos do campo inimigo também mortos. A angústia se instala em seu olhar, os ombros estão encurvados, ele está com os braços apertados contra o peito. Ele experimenta ao mesmo tempo uma dor física e mental e não encontra nenhuma desculpa para si mesmo.

As emoções secundárias são uma fuga. Trata-se principalmente de formas de expressão como o choro dilacerante ou a lamentação da própria sina. Elas não servem para conduzir uma constelação à sua solução.

ESTUDO DE CASO

A companheira de um homem faz um aborto sem consultá-lo. O homem lamenta sua sorte sem nenhum pensamento dirigido à companheira nem à criança.

Lamentar a própria sorte, procurar desculpas e se justificar, são os meios correntes utilizados para diminuir a animosidade.

*Ser um representante a serviço
de uma constelação*

Utilizamos freqüentemente a expressão "estar a serviço de" para falar do papel dos representantes. Eles se colocam a serviço do campo de energia familiar, entregando-se a isso e deixando-se guiar por ele. Eles deixam assim que emoções, pensamentos, sentimentos os penetrem e experimentam a dor, o sofrimento, as doenças, as necessidades, os amores, os medos, as alegrias, as tristezas daqueles que eles representam. Trata-se, muitas vezes, de emoções que estavam inacessíveis à pessoa real. A experiência do representante pode ser agradável ou desagradável, é nesse sentido que a noção de serviço é bem real.

Os representantes informam ao cliente e ao terapeuta por meio de suas ações e de suas palavras. Quando eles são experientes, basta deixá-los se mover pelo campo. O papel de representante é verdadeiramente um papel sagrado.

Os benefícios do espectador

O papel do espectador é o de manter e sustentar o campo de energia que uma constelação faz nascer graças à sua atenção.

De uma certa maneira, o espectador lucra! Há alguns anos, durante um *workshop* conduzido por Hellinger, eu não ocupava o lugar nem de cliente nem de representante. Passei três dias numa atmosfera purificante de amor e de respeito profundos, observando as mais intensas tragédias humanas se desenrolando e chegando a uma solução diante de mim e compreendendo o trabalho que fazia a vida humana no plano da alma. Eu me senti totalmente liberta, completamente purificada em meu próprio campo de energia, embora não tivesse feito outra coisa a não ser observar atentamente.

A escolha dos clientes

O privilégio de ser escolhido como cliente e de montar a constelação é regulado de diversos modos. Hellinger escolhe freqüentemente seus clientes em função do tema de seus *workshops*. Pode se tratar de relacionamentos de casal, de doenças, da supervisão de psicoterapeutas e de seus pacientes, da relação entre o agressor e sua vítima, da maneira de trazer a paz entre países ou grupos, etc.

Nos grupos de trabalho de Hellinger, a taxa de inscrição é a mesma para todos. Em outros grupos, os participantes se inscrevem sabendo especificamente que, na falta de tempo, nem todos poderão fazer sua constelação e que correm o risco de ficar entre esses. O inconveniente desse método é a atmosfera de competição que às vezes surge. Um outro modo de seleção de clientes consiste em fazê-los pagar mais. Assim, as pessoas que vêm pelo prazer de servir à constelação, como representantes ou simplesmente para observar, pagam menos do que as outras. Esse método tem também seus inconvenientes. Para o terapeuta, a base do trabalho em constelações é seguir o campo de energia e se deixar guiar por ele até que ele se manifeste, seja por intermédio da energia individual e de grupo, seja por aquela da constelação. Ora, uma pessoa só está pronta para trabalhar quando sua energia atinge um certo nível. Se o terapeuta só puder trabalhar com aqueles que pagaram mais caro, ele fica com menos liberdade para seguir a energia onde ela se manifesta e de trabalhar com a pessoa que, nesse exato momento, é a que tem mais necessidade disso.

Resumo do método das constelações familiares

- *O cliente e o terapeuta definem o problema.*
- *O cliente (ou, às vezes, o terapeuta) escolhe os representantes dos membros da sua família.*
- *O cliente dispõe os representantes na sala e os orienta.*
- *O campo de energia se estabelece e os representantes começam a experimentar aquilo que sentem aqueles a quem eles estão substituindo.*
- *O terapeuta pode tanto interrogar os representantes sobre o que está acontecendo com eles, como simplesmente deixá-los fazer os "movimentos da alma".*
- *O terapeuta pede aos representantes que pronunciem determinadas frases escolhidas que têm um valor de verdade para aqueles que as trocam.*
- *Todos os deslocamentos, todas as palavras são consideradas como experimentais. Se o campo de energia muda, quando a solução se aproxima, temos a prova de que eles foram oportunos.*
- *Num certo momento, na maioria das vezes quando a constelação se aproxima de sua solução, o cliente pode tomar o seu lugar no seio da constelação.*
- *A solução se dá quando as pessoas representadas encontram a paz. Ela não é sistemática e às vezes pode tomar um rumo surpreendente.*

3

As leis que governam os sistemas familiares

Uma família é um campo de energia. Podemos compará-la a uma rede. Quando a rede é danificada num determinado local, a parte à sua volta fica enfraquecida. É a parte sólida da rede que a mantém. A estrutura da rede corresponde aos valores transpessoais. Ela tem exigências: todo tipo de erro impõe, cedo ou tarde, castigo e reparação. As gerações futuras acabam por pagar por coisas que não fizeram! A própria rede é impessoal. As constelações familiares revelam os momentos em que os valores foram desprezados e nos mostram o caminho da cura.

Qualquer que seja o indivíduo, a parte do seu campo de energia pessoal que tem mais influência é composta em primeiro lugar por seu companheiro ou companheira, seus filhos, pais e avós, irmãos e irmãs dos pais, ou seja, seus tios e tias. Os filhos de um primeiro casamento fazem parte dele do mesmo modo que os antigos companheiros.

A noção de vinculação

Nascer numa família dá o direito de pertencer a ela, isso não pode ser retirado de ninguém sem que o campo seja alterado. Quando esse direito é negado a certos membros da família, os indivíduos dessa geração ou das seguintes ficam emaranhados na problemática do seu antepassado (ver o exemplo a seguir) e repetem os comportamentos responsáveis pela perda da vinculação.

ESTUDO DE CASO

Há algumas gerações, uma mulher foi internada numa instituição depois de uma gravidez fora do casamento. Seu filho foi adotado por um outro membro da família. Sua neta ou bisneta ficou grávida sem estar casada e mostra sinais de loucura. Ela está envolvida na mesma situação que sua antepassada e se identifica com ela. O contragolpe atingirá a pessoa que é responsável por sua internação e/ou seus descendentes que, para expiar esse erro, poderão produzir sintomas que os levem também a ser internados.

O caso de agressores e suas vítimas
Os agressores e as vítimas são indissociáveis. O vínculo que os une é mais forte que aquele que os mantém no interior de sua família original. Se uma vítima e seu algoz não fazem as pazes, os futuros membros da família permanecerão emaranhados nessa situação. Essa relação atesta o caráter fútil da vingança.

ESTUDO DE CASO

Minha avó morreu num campo de concentração. Uma constelação foi montada para representá-la e ao oficial nazista que a matou. Eles se olham ternamente e se estendem no chão – o que nesse trabalho significa que estão mortos – em paz um com o outro. Eles estão ligados um ao outro por um destino comum, um do lado da vítima e o outro do lado de seu algoz.

Durante toda a minha vida me senti como se estivesse possuída por um sentimento de profunda tristeza. Agora que venci o desejo de me estender ao lado da minha avó, compreendi que me identificava com ela e que estava envolvida em sua própria tristeza. Naquele dia, essa tristeza me deixou.

A consciência

No método das constelações familiares, identificamos três níveis de consciência: a consciência familiar e social, a consciência sistêmica e a consciência superior.

A consciência familiar e social
O fato de pertencermos à nossa família tem um custo: nós nos conformamos à consciência familiar. Aprovamos os grupos que nossa família aprova e desprezamos aqueles que nossa família despreza. Adotamos a religião dos nossos familiares e seus valores. Muitas vezes existe mesmo uma linhagem profissional nas famílias.

Pertencemos assim a diversos grupos na sociedade: grupos de trabalho, clubes de esportes ou outros clubes, grupos culturais ou políticos, etc. Cada um desses grupos tem consciência própria. Para poder fazer parte deles, é necessário a nossa adesão. A nossa nação também tem consciência e aí também somos definidos pelo fato de pertencermos e aderirmos a ela – ou por nossa revolta contra ela (e, portanto, nossa vinculação ao grupo que se rebela).

A consciência e a vinculação são responsáveis pelo fenômeno da exclusão. O fato de pertencer nos mantém dentro de determinados grupos, excluindo-nos completamente de outros.

Hellinger ressaltou que os atos mais vis eram cometidos em sã consciência! As guerras mais cruéis são levadas na mais completa sã consciência!

A consciência sistêmica
A consciência sistêmica é um campo de energia, uma estrutura em que as leis governam as relações entre os membros de uma família e ele, de uma geração à outra. O amor mais profundo e o mais impessoal, a honra e o respeito são a natureza disso. Uma natureza ao mesmo tempo impessoal e transpessoal. Não podemos negociar com ela no plano individual. Suas regras são essenciais e puramente bíblicas: trata-se dos dez mandamentos sem exceção. Nós matamos, roubamos, mentimos, cometemos adultério, nos arriscando e arriscando levar o sofrimento aos membros da nossa família nas gerações seguintes. Se não honramos nossos pais, somos perdedores em todos os domínios: na vida, nos relacionamentos, no sucesso e até na saúde, porque nos privamos então do apoio dos nossos antepassados, que se transmite através das gerações e nos chega ao plano da energia. É como se retirássemos as grossas raízes de uma árvore frondosa – ela não conseguiria permanecer em pé, não conseguiria mais viver nem se desenvolver. Quando não obedecemos a essas leis, um tributo nos é exigido. Nossos descendentes e nós mesmos pagaremos esse preço.

Hellinger descreve a consciência sistêmica como se segue: é *"o caminho do conhecimento do bem e do mal além dos sentimentos de culpa e de inocência e a serviço do amor"*.[5]

A consciência superior
A consciência superior é o plano universal da consciência sistêmica. É o caminho profundamente espiritual que nos guia em direção ao **Todo transcendente**. Quando servimos essa consciência, colocamos seus valores acima da nossa consciência familiar. Sacrificamos nosso vínculo e pagamos o preço necessário. Rejeitamos as crenças e os preconceitos que são indissociáveis pelo fato de pertencermos a uma família: sua especificidade, o espírito de clã, a mentalidade "eles e nós". Diante desse apelo superior, nós sacrificamos, se for preciso, tudo isso e também nosso vínculo religioso e nossa cultura.

Dar e receber

Uma relação exige um equilíbrio entre o dar e o receber; assim se chega à harmonia.

Quando amamos alguém, nós nos entregamos a ele. O ser amado nos dá, por sua vez, um pouco a

---
5. *Op. cit.*, p. 29.

mais do que recebeu, nós então lhe damos ainda um pouco mais, a felicidade de cada um aumenta continuamente. Chega, porém, o momento do desentendimento! Somos inevitavelmente levados a nos entregar à dor, e o perigo que nos espreita é o de entrar na espiral descendente de sofrimentos maiores. Entretanto, se chegarmos a compreender o que se passa, poderemos nos entregar menos ao sofrimento e voltar rapidamente a uma espiral de felicidade.

A gratidão é uma boa forma de manter um equilíbrio entre o fato de dar e o de receber.

Os antepassados, os pais e os filhos
Os pais dão aos filhos o dom mais precioso que existe: a vida. A doação entre pais e filhos não se equipara jamais: os pais dão sempre mais do que recebem. As crianças, por sua vez, ao se tornarem pais, transmitem os dons que receberam de seus pais. O amor se propaga dos pais aos filhos e depois aos filhos dos filhos.

O respeito e a honra

Nossos antepassados, compreendidos aí os pais, certamente têm direito a homenagens. Diante deles somos apenas crianças e devemos nos comportar como crianças respeitosas. Isso significa que devemos confiar neles para encarregar-se de seus problemas de adultos. Não devemos nos mostrar arrogantes e pensar que podemos assumir seu lugar. Por exemplo, quando um casamento vai mal, um filho carregará o peso de precisar fazer feliz um de seus pais. Muitas vezes, numa constelação, fazemos com que um filho diga a seus pais: *"Vocês são os adultos e eu sou a criança. Eu sou pequeno e vocês são grandes."*

Às vezes, o cliente se põe de joelhos a fim de realmente perceber sua pequenez diante deles. Quando renuncia aos fardos adultos que assumiu além de suas forças, ele se sente imensamente aliviado.

Criticar os pais ou os antepassados é impróprio, do mesmo modo que se colocar acima deles de uma forma ou de outra. Também é impróprio que eles nos tratem como seus amigos. Pais são pais, eles não são amigos. O discurso que dirigem aos filhos não pode ser o mesmo que têm com os amigos. Um grande número de coisas que se passam entre os adultos não interessa às crianças, aqui compreendidas as crianças que atingiram a idade adulta. Para a geração dos anos 1960, à qual eu pertenço, para quem o ideal era tratar os filhos como amigos e iguais – e de partilhar tudo com eles, aí compreendidos nossos problemas de adultos –, compreender a importância de assumir plenamente o papel de pai é uma revelação.

Nossa família, nossos antepassados continuam a viver através de nós. Quando eles viveram a morte prematura de um dos seus, nós lhes ditamos freqüentemente a seguinte frase no momento da reconstituição da família: *"Eu o amo, eu o respeito, você tem um lugar no meu coração. Você continua a viver em mim, e por toda a minha vida eu o honrarei."*

Culpa e inocência

Os sentimentos de culpa e inocência surgem da nossa consciência pessoal e estão ligados ao nosso condicionamento social. Não servem necessariamente aos valores morais. Nós nos sentimos inocentes quando nos comportamos de modo a assegurar que pertencemos a um grupo, e culpados quando nos comportamos de modo a colocar isso em perigo. Assim, uma mulher que tem uma relação extraconjugal coloca em perigo o fato de pertencer à sua família (seu marido e seus filhos) e se sente culpada. Alguém que pertença a uma rede de resistência e que esconda uma vítima põe em perigo seu vínculo com seu país e se sente inocente.

Hellinger demonstrou que *"a culpa e a inocência não são equivalentes às noções do bem e do mal".*[6]

---
6. *Op. cit.*, p. 10.

Cometemos atos repreensíveis em sã consciência quando eles asseguram a continuidade da nossa vinculação assim como a nossa sobrevivência.

Perdão, expiação e reconciliação

O perdão entrou na moda na terapia, especialmente aquele dirigido a nossos pais. Mas nós não podemos perdoar; não temos o poder nem o direito. O perdão é utilizado como meio de nos elevar acima deles, o que é contrário às regras da ordem da consciência sistêmica. Hellinger fala de "arrogância".

Quando perdoamos alguém, nós nos tornamos melhores do que ele. Para que o perdão tenha verdadeiramente a virtude de curar, precisamos nos submeter ao acerto de contas e respeitar o outro suficientemente para poder exigir reparação. Assim, a pessoa culpada conserva sua dignidade.

Sabemos a que ponto uma vítima plena de ressentimento pode ser tirânica. Ao devolver golpe por golpe, as vítimas se privam da noção de que são melhores do que o agressor, e a reconciliação torna-se então possível. Quando nos fazem mal, é preciso devolver esse golpe dentro das regras da arte, e com amor. Uma mãe que pune seu filho por uma má ação age com amor. Muitas vezes é também com amor que ela poupa o filho de uma parte do castigo.

A prioridade dos vínculos

A consciência sistêmica compreende inúmeras leis muito fortes que regem os relacionamentos. Pertencemos antes de tudo à nossa família original. Ela se compõe inicialmente de nossos pais, avós e irmãos e irmãs de nossos pais (tios e tias). Quando deixamos nossa família para viver uma relação independente, esta última se torna prioritária. Nosso cônjuge é a primeira pessoa que conta, depois cada criança nascida dessa relação assume, por ordem de nascimento, um lugar. O fato de começar um relacionamento amoroso e sexual com alguém quer dizer, geralmente, que a relação anterior acabou.

Se uma relação acabou e outra começa, nosso novo companheiro e a nova relação assumem então o primeiro lugar. Mas os filhos nascidos da nossa primeira união conservam seu lugar primordial. Devemos continuar a respeitar nossos antigos cônjuges. Graças à nossa relação com eles foi que nos tornamos o que somos. Se não respeitarmos as prioridades, nossas crianças ficarão emaranhadas nos esquemas daqueles a quem foi negado um vínculo e adotam o comportamento deles.

ESTUDO DE CASO

Um homem difama sua ex-mulher. Ele a trata sem nenhum respeito. A filha desse homem passa a se identificar com essa mulher e adota o comportamento dela.

O emaranhamento

A consciência sistêmica exige que o equilíbrio entre o fato de dar e o de receber seja mantido. Quando um parceiro se prende a seu papel de vítima em lugar de exigir uma reparação com amor a fim de restabelecer o equilíbrio, alguém da geração seguinte fica emaranhado nessa situação e coagido a abraçar o seu destino.

ESTUDO DE CASO

Um avô era antigamente um conquistador e sua mulher apenas mostrava seu descontentamento e sofria em silêncio. Naquela época, divorciar-se era vergonhoso. Além disso, o avô tinha uma boa situação financeira e a avó perderia essa segurança material se o deixasse. Mas, no fundo do seu coração, ela tinha ódio dele e dos homens em geral. Hoje, sua neta não consegue ter um relacionamento duradouro. Muito rapi-

damente ela se torna agressiva e fica com raiva só de ver seus parceiros. Ela está enredada no ódio de sua avó e o expressa por intermédio do seu comportamento diante de todos os homens.

A identificação

O sistema familiar está à procura de sua completude. Quando algum dos seus membros é excluído, escondido, esquecido, não reconhecido ou não foi feito o luto necessário por sua morte, alguém que se identifique com ele vai substituí-lo, na geração seguinte ou em alguma geração posterior, e vai se sentir coagido a tomar seu lugar.

A justiça sistêmica é uma justiça cega, exigida por um campo de energia pessoal. Ela persegue o desequilíbrio sistêmico até encontrar um meio de compensá-lo.

ESTUDO DE CASO

O primeiro amor de uma mulher morreu num acidente. Mais tarde, ela se casou e se tornou mãe de família. Sua filha a adora, mas não consegue estabelecer uma ligação com o pai. Ela se identifica com o noivo morto.

Se retomarmos a analogia entre o campo de energia e a imagem da rede, as identificações são os buracos na rede que é preciso consertar. As constelações são o meio de repará-los.

O amor "louco" e a lealdade dos filhos

O amor que os filhos sentem pelos pais não tem limite, a ponto de podermos qualificá-lo de "louco".

Na primeira vez que ouvi essa expressão fiquei indignada, mas quanto mais eu trabalho como terapeuta, mais avalio o quanto isso é verdadeiro.

Os filhos fazem qualquer coisa pelos pais. Sua lealdade pode chegar até a morte. Eles se sacrificam para expiar a culpa de seus antepassados a fim de que seu sistema familiar reencontre o equilíbrio. Manter a união entre os pais torna-se então um problema seu. Eles ficam doentes e morrem em seu lugar. Eles se tornam também sexualmente disponíveis para um dos pais.

Essa idéia é tão discutível e aflitiva que é preciso lembrar-lhes rapidamente que estamos nos colocando no plano sistêmico e não numa consciência normal do ego. Na verdade, isso não acontece ou quase não acontece no nível consciente.

Desejar a morte de alguém
Se desejarmos a morte de alguém porque essa situação nos ajudaria, as crianças das gerações seguintes tentarão nos impedir de tirar proveito disso e poderão até mesmo propor sua própria morte.

ESTUDO DE CASO

Um avô deseja que sua mulher doente morra rapidamente a fim de se casar com a secretária. Depois da morte dessa mulher, seu filho, que estava identificado com o pai, deixa-se envolver pela secretária, e a neta, cuja problemática recupera aquela de sua avó, torna-se suicida.

O caso do pai que perdeu um irmão,
ou uma irmã, e que deseja segui-lo.
O pai que perdeu um irmão ou uma irmã muito jovem pode inconscientemente desejar encontrá-los na morte. Um filho poderá tentar evitar isso.

ESTUDO DE CASO

O irmão gêmeo de um pai de família morreu no parto. O pai está enredado com seu irmão e com a morte. Seu filho está gravemente enfermo. A constelação mostra que ele se mantém entre o pai e a morte. O terapeuta lhe pede que diga ao pai: "Vou partir em seu lugar."

*A morte prematura de uma criança
e o luto impossível dos pais*

Quando irmãos e irmãs morrem prematuramente, o campo de energia de toda a família fica mal. Se o luto não é feito por completo, um dos pais pode ser levado a seguir o filho na morte. Ocorre então que um outro filho tenta substituí-lo.

ESTUDO DE CASO

"Eu partirei em seu lugar"

Um casal perde uma filha de quatro anos de idade num acidente. A perda dessa criança é muito dolorosa para se poder falar dela; assim, eles não falam disso, nem entre eles nem com seus outros dois filhos, um menino e uma menina. Esta contrai uma doença fatal. Na constelação, representamos os pais e seus dois filhos vivos. O pai olha a mãe que lhe vira as costas. Diante dela, mantém-se a filha gravemente doente. O filho observa.

Esta constelação original mostra bem que a filha impede a mãe de partir, ou seja, de morrer para encontrar sua filhinha morta. A doença da menina se origina no amor "louco" que, na sua qualidade de filha, ela sente pela mãe.

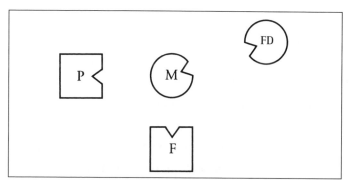

Diagrama 2 • A constelação da partida
P = o pai – M = a mãe
F = o filho – FD = a filha gravemente doente

O terapeuta introduz o representante da criança morta e pede a essa pessoa que se deite no chão entre o pai e a mãe. Ele faz a mãe girar na direção oposta. O pai, o filho e a filha doente olham a criança morta. A mãe volta o olhar um breve instante, depois desaba no chão e se estende ao lado dessa criança. Depois de ter progredido no trabalho, pede-se à filha doente que diga à sua mãe: *"Sou eu que vou partir em seu lugar."*

O incesto

É o assunto mais controvertido no trabalho de Hellinger sobre constelações familiares. As pessoas esperam que os culpados de incesto sejam castigados e rejeitados. Se os culpados são certamente considerados responsáveis por seus atos, interessa-nos, entretanto, os emaranhamentos que os levaram a cometê-los. A solução aparece quando a dinâmica sistêmica é revelada.

O amor incomensurável que os filhos têm por seus pais os leva a fazer sacrifícios dolorosos e destrutivos. O incesto se produz quando uma criança, conscientemente ou não, se oferece a seu pai, ou ao companheiro da sua mãe, para prestar um serviço ao pai ou à relação de um de seus pais. A mãe pode ser tolerante ou estar sendo carregada por um destino que vai além dela.

ESTUDO DE CASO

Uma mulher teve uma relação incestuosa com seu padrasto. Em uma constelação, nós a fazemos dizer à sua mãe: "Foi por você que fiz isso, mamãe."

Essa *declaração de verdade* revela a dinâmica que opera num sistema. Ela está lá para lembrar à criança, que sofreu o abuso, que ela tentava fazer alguma coisa boa para os pais, mesmo que tenha tomado um rumo desastroso. Alguns colocam a objeção de que as crianças que sofrem abusos experimentam o sentimento de ser vítimas. A *declaração de verdade* confere à criança todos os poderes ao lembrá-la de que ela agiu por amor. Uma *declaração de verdade* bem escolhida reagrupa a identidade ferida do indivíduo.

As crianças que sofreram violência sexual não conseguem perdoar seus pais: não está nelas o poder de absolvê-los de sua culpa. Podemos submeter-lhes as seguintes *declarações de verdade:*

"*O que você fez comigo me fez mal e eu deixo você com as conseqüências dos seus atos. Apesar disso, eu vou ser bem-sucedido em minha vida.*"

"*Você me fez muito mal e não devo me esquecer disso. Não tenho esse direito.*"

"*Você é que cometeu a falta, não eu! E cabe a você assumir as conseqüências, não a mim!*"[7]

Posso mostrar aqui, usando inúmeros exemplos, que em nenhum caso o trabalho absolve os culpados, e preciso reforçar isso por este ser um assunto muito doloroso. O papel do terapeuta é considerar as pessoas como responsáveis por seus atos.

Destino e sina

As constelações familiares reconhecem e respeitam o destino e a sina e dão às pessoas o poder de tirar suas

---

7. *Op. cit.*, p. 121

forças disso. Ter um filho inválido, morrer na guerra, perder a família num acidente, etc., são atos do destino.

ESTUDO DE CASO

Uma mulher inválida de nascença
Uma mulher ficou inválida em conseqüência de um erro de manobra na hora do parto. Ela se angustiava por sua invalidez. Na reconstituição, nós a pusemos como representante dela mesma e colocamos sua invalidez defronte a ela. Para sua grande surpresa, ela descobriu que tinha afeição por sua condição, era um sustentáculo de onde ela tirava sua força.

ESTUDO DE CASO

As vítimas de uma perseguição
Um judeu tinha perdido toda a sua família durante a guerra. Montamos toda uma fileira dos membros falecidos dessa família. Docemente, segurando o filho pela mão, ele se inclina com respeito diante de cada membro da família, como nos inclinamos diante do destino.

O reino dos mortos

As constelações familiares revelam que o reino dos vivos e o dos mortos estão interligados e que os mortos continuam a influenciar os vivos. Inúmeras culturas sabem disso e honram seus ancestrais e levam paz à sua alma.

Às vezes, os mortos ficam em paz qualquer que tenha sido a maneira pela qual morreram: sejam eles crianças que foram abortadas, que morreram em tenra idade ou que tenham morrido em acidente. Outras vezes, eles não estão em paz: a criança abortada gostaria de ter crescido com seus irmãos, a pessoa falecida num acidente era culpada. Certamente as pessoas que foram assassinadas não podem estar em paz, elas exigem uma reparação. Em geral podemos levar paz a esses mortos com o trabalho de uma constelação.

ESTUDO DE CASO

Quando um de nossos pais morre prematuramente, uma variante das palavras libertadoras, que libera os vivos e os mortos, é: "Você está morto, eu ainda quero viver um pouco, pois, quando chegar a minha vez, vou morrer. Dê-me a graça de velar ternamente por mim durante o tempo que me resta para viver."

O amor: a lei maior

O campo de energia familiar é dirigido pelas ordens do amor que não podem ser rompidas. Se não forem respeitadas, os indivíduos sofrem: quando se conformam com elas, eles se desenvolvem até o limite de seus talentos e da sua sina. As constelações permitem resolver as faltas cometidas contra o sistema e trazem a pacificação. Elas conseguem chegar aí porque estão livres de qualquer julgamento e são guiadas pelo amor.

4

A integração da sabedoria das constelações familiares na vida diária

As constelações familiares nos ensinam que somos peões no campo de energia de nossa família e que *podemos influenciá-lo*.

Vamos apresentar em seguida algumas das leis reveladas pelo trabalho das constelações em inúmeros domínios da vida. Associadas à meditação, aos exercícios e às *declarações de verdade,* você poderá utilizá-las para se libertar. Para isso, eu o incentivo a tomar parte nos *workshops* de constelação.

Certas pessoas acham que as dinâmicas reveladas pelas constelações familiares são discutíveis. É verdade que algumas delas são antigas, principalmente as que enfatizam a ética e os valores desenvolvidos a partir dos dez mandamentos. Para outros, e eu estou entre esses, é um alívio poder se apoiar em um valor ético, no qual a responsabilidade individual tem seu lugar reconhecido e demonstrado no campo da energia de uma constelação familiar.

As leis do campo de energia familiar e suas dinâmicas foram descobertas pelo método de ensaio e erro, ao controlar seus efeitos sobre os representantes das constelações. Elas são extremamente poderosas. Quando nós as respeitamos no dia-a-dia, somos mais felizes e a nossa vida fica mais harmoniosa. Entretanto, não podemos viver a vida seguindo uma receita. Não se esqueça de que esse trabalho, baseado no método de ensaio e erro, que não obedece a nenhuma norma estrita nem a qualquer fórmula absoluta, não pode conseqüentemente garantir-lhe que todas essas regras serão eficazes no seu caso. Você pode ser a origem da descoberta de uma nova dinâmica!

Mantenha o espírito crítico e seu lado construtivo bem atentos e faça experiências na descoberta do alcance da sabedoria das constelações familiares na sua felicidade, no seu cotidiano.

Exercícios e métodos
Se a quantidade de *declarações de verdade* nos surpreende, é porque elas são muito eficazes. Quase sempre o fundamento dessas frases nos parece discutível. Elas desafiam nossas crenças habituais, rompem nossos velhos esquemas de pensamento e nos

iniciam em novas formas de pensamento e de compreensão.

Podemos dizer com precisão em que momento uma *declaração de verdade* muda alguma coisa. Somos afetados bem além do plano intelectual. Experimentamos uma ajuda emocional e nos sentimos fisicamente aliviados de um peso. Mesmo que sintamos essa mudança imediatamente, devemos pelo menos deixar essas idéias e experiências trabalharem em nós ao longo do tempo. Elas são extremamente poderosas. Minhas palavras são para encorajá-lo a dar a si mesmo uma oportunidade de trabalhar e a dar a esse trabalho o tempo necessário para ser assimilado. Lembre-se de que é sempre útil pedir apoio a um terapeuta quando uma questão vinda das profundezas aflora à superfície.

O sexo e os relacionamentos: Sexo sem implicações? Isso não existe!

O sexo, uma outra maneira de dar e de receber!
Toda a interação entre seres viventes é seguida de conseqüências, mesmo as conversas mais breves. As normas ligadas ao fato de dar e ao de receber aplicam-se a todos os encontros. Cada vez que nos dirigimos a alguém, temos a oportunidade de lhe transmitir respeito, cortesia, gentileza, sensibilidade, etc.,

e de, em troca, recebê-los. As conseqüências são ainda mais importantes quando interagimos no plano mais íntimo e temos relações sexuais com um parceiro. As constelações testemunham o fato de que o sexo sem implicações não existe!

Unir-se com sabedoria
As constelações familiares nos mostram que, desde o momento em que começamos uma aventura de natureza sexual com alguém, cria-se um vínculo. Ele dura e deixa menos energia disponível para as próximas relações. Assim, os vínculos enfraquecem. É por isso que é muito mais fácil se divorciar ou se separar uma segunda vez. Isso não quer dizer que o segundo parceiro é menos amado, mas somente que a intensidade do vínculo é mais fraca.

Uma família é criada a partir de um ato sexual. O vínculo entre os membros de um casal é mais forte quando há filhos.

Cada ato sexual cria um vínculo. Numa época em que as pessoas podem ter relações sexuais livremente, as constelações familiares nos ensinam que cada ato sexual não é "livre" e que, ao contrário, cada um tem implicações.

O casamento é um compromisso mais forte, e a partir desse fato é que são criados vínculos mais sólidos do que o simples fato de viver junto.

Dar e receber com generosidade
Para receber e dar sexualmente, como em todos os outros domínios, é necessário que o equilíbrio e a eqüidade entre os parceiros sejam mantidos. Vivemos numa época que parece permissiva; entretanto, quando um parceiro está excitado sexualmente, sentindo desejo e o outro não, o parceiro que cede pode se sentir diminuído e envergonhado no campo íntimo do desejo sexual de seu companheiro, e o parceiro que não cede pode experimentar um sentimento de superioridade. Em qualquer dos casos, o equilíbrio entre o fato de receber e o de dar pode perder sua harmonia.

Nosso pai e nossa mãe em nosso leito conjugal
Algumas vezes somos forçados a nos expressar sexualmente por meio de regras vinculadas à nossa família. Se nossos pais eram inibidos sexualmente, por lealdade a eles podemos nos reprimir. Imagine que você diz a seu pai ou à sua mãe: *"Às vezes, mal posso esperar pelo momento de fazer amor com minha mulher/meu marido."*[8]

---

8. *Op. cit.*, p. 35.

Ligar-se com sabedoria

Os casais

- **Estabeleça vínculos equilibrados: não tente mudar seja lá o que for!**

Começamos uma relação achando que nossas necessidades serão preenchidas. Apesar de essa ser nossa prioridade, nós necessitamos por mais tempo de um pai ou de uma mãe do que de um parceiro. Assim, não podemos obter o melhor do nosso companheiro, da mesma maneira que não podemos lhe dar o melhor de nós mesmos.

Um verdadeiro relacionamento de casal implica uma troca equilibrada. Cada um é reconhecido e aceito por aquilo que é, sem que o outro exija dele uma mudança. Quando não há nenhuma pressa para a mudança, o desabrochar se dá livremente e os parceiros desenvolvem todo o seu potencial.

- **O primeiro a chegar é o primeiro a ser servido!**

Existem as "normas que regem o amor" no seio das famílias e dos relacionamentos. Numa família, a relação dos pais tem precedência. Ela existia antes da chegada dos filhos. Quando se dá prioridade aos filhos, isso enfraquece o vínculo entre os pais. As crianças perdem então seus apoios; elas se sentem mais seguras quando as relações entre os pais são sólidas.

- **A cada pai sua esfera de influência**

As mães devem deixar os filhos sob a esfera de influência do pai, e os pais devem deixar as filhas sob a da mãe. Isso não quer dizer que a criança ame mais o pai do mesmo sexo. Essa é uma maneira de conservar a força na relação entre os pais. Assim, os filhos se tornam adultos capazes de construir relacionamentos verdadeiros.

- **Os "filhinhos da mamãe" e as "filhinhas do papai"**

Um dos perigos na relação do casal é que a atração inicial passe com o tempo. Rancores devidos ao desequilíbrio entre o que é dado e o que é recebido vêm à tona. Os parceiros feridos se afastam. Os pais se voltam para as filhas e as mães para os filhos, e os colocam em primeiro lugar. Um homem que fica sob a esfera de influência da mãe se torna um "filhinho da mamãe". Ele pode seduzir as mulheres, mas não consegue manter com elas uma relação de igual para igual. O mesmo acontece com a "filhinha do papai". As "filhinhas do papai" e os "filhinhos da mamãe" não se tornarão pais fortes.

Que podem fazer os pais para liberar seus filhos?
Imagine que você diz à sua filha ou ao seu filho: *"Quando eu olho para você, vejo também seu pai/sua mãe. Vejo a sua beleza e vejo a beleza dele/dela em você."*

Desse modo, a relação parental é respeitada, os filhos voltam à esfera de influência que lhes dá mais força.

ESTUDO DE CASO

Dividi um grupo colocando de um lado as mães, do outro os filhos, do outro ainda as parceiras eleitas por seus filhos. O papel das mães era pegar os filhos pela mão, guiá-los até sua parceira e dizer: "Eu reconheço você como a companheira que ele escolheu e eu o entrego a você com prazer."

Para as mães cujos filhos eram "filhinhos da mamãe", esse era um exercício muito difícil.

- **Deixe seus filhos se tornarem homens e suas filhas se tornarem mulheres!**

Sem que possamos fazer nada quanto ao seu sexo, os filhos assumem a virilidade do pai e da linha masculina de seus antepassados, e a filha a feminilidade da mãe e da linha feminina dos antepassados, e isso ocorre independentemente da personalidade e da história desses indivíduos. Se você resiste a essa idéia, imagine que você diz para seu pai (se você for homem) ou para sua mãe (se for mulher):

- *"Querida mamãe, sou uma mulher, como você. Tenho respeito pela feminilidade que recebi de você."*
- *"Querido papai, sou um homem, como você. Eu o respeito pela virilidade que recebi de você."*

- **O caso de uma sina pesada para se carregar**

Quando um dos membros do casal carrega o peso de uma sina particularmente difícil, quando coisas terríveis aconteceram na família, é preferível que todos os filhos sejam mantidos na esfera de influência daquele cuja sina é mais leve. Será o seu lugar natural quando da solução de uma constelação.

- **A mulher segue o homem, o masculino fica a serviço do feminino**

Geralmente as relações funcionam melhor quando a mulher segue o homem na sua família, em sua língua e em sua cultura, e o homem se põe à disposição do feminino.

Essa afirmação de Hellinger fez nascer entre os que tomaram conhecimento disso um forte sentimento de revolta. Como acontece freqüentemente com esse tipo de afirmação, ela deve ser entendida de forma poética, muito mais do que literalmente. Se você for mulher, pergunte a si mesma: *"Eu acompanho meu marido?"*, e, se você for homem, pergunte a si mesmo: *"Estou a serviço da feminilidade?"*; depois deixe que essas idéias sigam adiante dentro de você.

- **Como se separar em bons termos?**

A separação é uma coisa difícil e, muitas vezes, não se realiza em clima de respeito à história dos dois parceiros. Esta é a *declaração de verdade* que Hellinger sugere que os dois digam um ao outro:

> *"Aceito as boas coisas que você me deu. Isso representa muitas coisas e eu as conservarei cuidadosamente. Aquilo que dei a você, dei com alegria, e isso lhe pertence. Assumo a minha parte de responsabilidade pela nossa separação e deixo para você a sua parte de responsabilidade. Eu o deixo em paz agora."*[9]

- **Os sogros no leito conjugal**

Um homem e uma mulher se casam. Cada um deles leva para a relação a consciência e os costumes da sua própria família, e cada um tenta preservar os sinais do vínculo. Às vezes, um dos dois cônjuges pensa que sua família vale mais que a outra e tenta impor seus costumes. O outro parceiro é então con-

---
9. *Op. cit.*, p. 78.

siderado inferior, e deve compensar isso. O fato de dar e o de receber ficam então desequilibrados.

Quando cada família de origem é plenamente respeitada e os cônjuges criam suas próprias consciências e costumes a partir do que herdaram, eles se tornam verdadeiramente um casal.

- **Os parceiros anteriores no leito conjugal!**

Segundo as regras do amor, o companheiro atual tem prioridade sobre os parceiros anteriores. Entretanto, as relações antigas agem sobre os relacionamentos seguintes. Nós nos tornamos o que somos hoje também graças a essa influência. A riqueza que trouxemos à nossa nova relação veio a nós daquilo que aprendemos em nossas relações anteriores.

> *Imagine que você diz ao(s) parceiro(s) anterior(es) do seu cônjuge: "Eu reconheço o papel que você(s) desempenhou(ram) na personalidade de X (nome do parceiro) tal como ele/ela é hoje, tal como eu o/a amo."*

Quando os antigos companheiros não são reconhecidos nem respeitados, os filhos se emaranham em uma identificação com eles.

- **O segundo relacionamento e os seguintes**

Um segundo relacionamento pode ser mais feliz e mais amoroso, mas a densidade do seu vínculo será mais fraca. É por isso que é mais fácil divorciar-se ou se separar uma segunda vez, e ainda mais fácil no caso de um terceiro relacionamento.

Papéis masculinos e papéis femininos

- **A tradição**

Em geral as famílias se saem melhor quando as mulheres se ocupam da casa e os homens da segurança no mundo. Como inúmeras mulheres liberadas, fico feliz por poder dar aqui um exemplo que mostra bem que nem sempre é esse o caso!

ESTUDO DE CASO CONTRADITÓRIO

Ela trabalha, tem um emprego de muita responsabilidade. Ele fica em casa para criar os filhos como os dois desejam, isto é, com a presença de um dos pais na casa. São felizes como dois passarinhos, um estimulando o outro naquilo que cada um tem de melhor. Entretanto, ela o seguiu em seu país, ele é viril e está a serviço da feminilidade.

- **A homossexualidade serve ao campo da energia familiar**

As constelações nos mostram que a homossexualidade pode vir de um emaranhamento ou de uma identificação. Isso acontece quando as dinâmicas sistêmicas envolvem uma criança numa identificação com um membro da família do sexo oposto porque uma criança do mesmo sexo não está disponível para tomar esse lugar.

ESTUDO DE CASO

A mãe de um cliente perdeu a irmã quando era muito jovem. O cliente é seu único filho. Ele ficou emaranhado numa identificação com a tia. Ele é homossexual.

A homossexualidade sobrevém também quando uma criança se identifica com um indivíduo excluído do sistema, que sofre difamação ou a quem transformaram num estranho.

ESTUDO DE CASO

O noivo de uma mulher tinha rompido seu noivado ao descobrir que tinha sífilis. A mãe o desprezou no mais alto grau. Seu filho é homossexual e ele, por sua vez, é desprezado, rejeitado, tratado como um estranho por todos.[10]

---

10. *Op. cit.*, p. 72.

Uma outra dinâmica sistêmica que induz à homossexualidade se dá quando o filho fica na esfera de influência da mãe ou a filha na do pai.

A homossexualidade é uma sina que, como todas as outras, deve ser respeitada.

Pais e filhos

• **Não arrisque: honre seu pai, mãe e antepassados!**
Os pais e os filhos são parceiros desiguais. Os pais vieram antes. Os primogênitos antecedem os caçulas, eles dão mais e conseguem mais privilégios. Quando essa hierarquia aparente é respeitada, os relacionamentos são saudáveis, o que poupa as crianças de todo o emaranhamento.

• **Os pais dão mais e as crianças têm obrigações**
Quando o dar e o receber estão em equilíbrio, os pais dão mais e os filhos recebem mais. Depois, por sua vez, os filhos dão mais a seus próprios filhos do que recebem.

• **O caso dos pais idosos**
O que os pais dão cria obrigações para seus filhos. Os pais têm precedência em numerosos campos, como seus negócios, passatempos, etc. Alguns filhos temem sua responsabilidade diante de seus pais ido-

sos e experimentam ressentimento, imaginando que deverão se ocupar dos pais como estes o exigem. A consciência sistêmica requer que nos ocupemos deles *como forma de restituição de direito.*

- **Assumir o papel de pais: as crianças são pequenas e os adultos são grandes**

O campo de energia familiar exige de nós que assumamos nosso papel de pai ou de mãe. Acontece que as fronteiras são tênues. Os pais tratam então seus filhos como amigos e se abrem com eles como se estivessem confidenciando algo a outros adultos íntimos. Isso causa o emaranhamento das crianças nos problemas dos pais. Por causa do amor "louco" que eles carregam, tentam assumir o fardo em seu lugar e solucionar seus problemas. Isso não pode acontecer.

Os detalhes íntimos da vida de casal dos pais ou de suas relações amorosas anteriores não devem ser passados para as crianças, do mesmo modo que seus problemas com seus próprios pais. Numa constelação familiar, a cura ocorre quando os pais assumem seu papel, suas responsabilidades e sua culpa (quando for o caso). Esta é uma *declaração de verdade* que você pode usar se seus pais se abrem demais com você:

Imagine que você diz aos seus pais: "Vocês são grandes e eu sou pequeno. Vocês são os pais e eu sou o filho. Eu deixo para vocês os problemas dos adultos."

Isso coloca você numa posição de respeito e de confiança na capacidade deles de assumir seus próprios problemas, como adultos responsáveis.

- **Nossos pais são forçosamente os melhores pais que existem, aconteça o que acontecer!**

Inúmeros métodos terapêuticos nos incentivam a emitir julgamentos sobre nossos pais. Quando os filhos fracassam e sofrem, eles acham que os pais são responsáveis por esse estado de coisas, os pais sentem-se culpados. Isso é infrutífero para todos. Os filhos são livres para superar os sofrimentos pelos quais passaram em sua infância e para serem felizes; eles podem entregar os pais e os problemas de adultos deles a seu destino. O trabalho na constelação familiar encoraja a responsabilidade individual e não dá nenhum espaço à incriminação. A consciência sistêmica nos ensina que temos sempre bons pais. Quando reconhecemos essa realidade, nos tornamos mais fortes.

Imagine que você diga a cada um dos seus pais: "Eu reconheço em você meu pai/minha mãe, você tem a minha gratidão. Você é o pai/a mãe ideal para mim. Eu o agradeço pelo dom da vida."

Nós não podemos nos separar dos nossos pais e ficarmos autônomos se não os aceitarmos totalmente como eles são.

• Repetição e vínculo

ESTUDO DE CASO

Uma mulher contava que tinha jurado nunca se comportar com seus filhos como a própria mãe se comportara com ela. Apesar disso, ela percebia que estava agressiva com sua filha como a mãe tinha sido agressiva com ela. Nós lhe pedimos para dizer essas palavras libertadoras: "Mamãe, sou agressiva com minha filha como você foi comigo, e é nesse sentido que me pareço com você."

Essa mulher descobriu que, ficando agressiva com a própria filha, ela conseguia experimentar um sentimento de ter um vínculo com a mãe que ela costumava rejeitar.

- **Os pais que maltratam são também bons pais!**

É difícil admitir que pais que maltratam possam ser bons pais. É possível que um pai alcoólatra e ofensivo ou que uma mãe violenta e sedutora sejam realmente bons pais para nós? Um pai incestuoso consegue ser um bom pai para nós? É difícil demonstrar isso e, no entanto, as regras da consciência sistêmica e as soluções que o trabalho das constelações traz ao campo da energia familiar são a prova de que esse é bem o caso. A consciência sistêmica se esforça para prolongar a vida. O simples fato de dar a vida faz de um pai um bom pai. Quando nos convencemos de que nossos pais nos fizeram mal, a seguinte *declaração de verdade* é muito eficaz:

"Eu assumo você como pai/mãe e aceito o preço que você teve de pagar e aquele que eu pago."

No capítulo anterior, citei as *declarações de verdade* que ajudam a superar o problema de incesto. Preciso enfatizar que **aceitar a idéia de que seus pais são bons pais não significa que é preciso se submeter a abusos de qualquer natureza. No trabalho das constelações, os pais incestuosos são considerados culpados e são tidos como plenamente responsáveis por seus atos.**

- A sina pode tornar nossa vida difícil, ela pode também nos fortificar se nós apenas a deixarmos fazer isso!

Quando uma mãe morre no parto, seu filho tem uma sina difícil. As sinas difíceis podem nos tornar mais fortes se quisermos aproveitar as ocasiões que elas nos oferecem.

ESTUDO DE CASO

Uma filha cuja mãe morreu no parto dirige esta frase libertadora à representante da sua mãe: "Agora, eu assumo você como mãe e aceito aquilo que isso lhe custou e o que me custa até hoje. Viverei toda a minha vida respeitando você."

Essa filha carrega sua sina e tira dela a sua força e inspiração.

Minha frase libertadora preferida dirigida a um pai
Esta é a minha *declaração de verdade* preferida dirigida a um pai. Eu a utilizei mais de uma vez em meu trabalho de introspecção.

"Querido(a) papai/mamãe, aceito tudo o que me vem de você e me servirei disso da melhor maneira possível."

O que aprecio particularmente nessa frase é que não há nela nenhuma acusação e que somos inteiramente responsáveis quando a pronunciamos. Definitivamente, não temos escolha! Não podemos mudar o passado a não ser que o aceitemos e que nos reconciliemos com aquilo que se passou. É a única escolha que temos. A liberdade se conquista a esse preço!

Filhos e pais

• **O caso de crianças mortas em tenra idade**
As crianças natimortas, ou que morrem pouco tempo depois do nascimento, ocupam um lugar no campo da energia familiar e precisam de reconhecimento e respeito.

ESTUDO DE CASO

Um casal que se ama, mas que não consegue ser feliz, vem a um workshop. Percebe-se imediatamente que a mulher é simpática enquanto o homem parece mais desagradável. A mãe dessa mulher teve numerosos partos em que a criança nasceu morta. Eu monto a constelação com o homem, a mulher e os irmãos natimortos. A mulher, desesperada, desmorona e se abraça à irmandade falecida. Depois de um instante, ela estende a mão, a única parte do seu corpo que emerge debaixo da massa dos corpos mortos. "Não há ninguém", diz ela soluçando. O homem olha a cena de longe. A linguagem do seu corpo exprime claramente que ele gostaria de se aproximar, mas não sabe se vai ser capaz de agüentar tanto sofrimento. Progressivamente, ele se aproxima e coloca seu pé ao alcance da mão de sua mulher, que sai então de debaixo da pilha de corpos mortos e, se prendendo primeiro a seu pé, depois à sua perna e finalmente à sua mão, levanta-se e sai do território dos mortos.

Produz-se então uma mudança maravilhosa no homem. Ele ganha auto-estima por sua coragem, e a expressão de mediocridade desaparece completamente do seu rosto.

- **O aborto**

O aborto não é necessariamente uma coisa má, mas há um preço a ser pago. Do ponto de vista do equilíbrio entre dar e receber, a criança morta deu sua vida. Quando os pais cumprem o luto, carregam sua culpa e dão um lugar em seu coração para essa criança, o processo de expiação é bem-sucedido: a criança abortada é honrada e a relação pode continuar. Se esse não for o caso, ou se apenas um dos parceiros seguir esse caminho, a ruptura é o preço a pagar pelo aborto.

- **A adoção**

A adoção é bem-sucedida quando os pais adotivos compreendem que eles são os representantes ou os substitutos dos pais verdadeiros, de preferência a tomar o lugar deles, e desde que os pais biológicos sejam respeitados.

Quando as crianças são adotadas mais pelas necessidades dos pais biológicos do que pelas dos pais adotivos, as normas que regem o fato de dar e o de receber são respeitadas e a adoção pode dar certo. Quando uma adoção serve aos pais adotivos porque, por exemplo, eles não podem ter filhos, as normas são inversas: a criança dá então aos pais aquilo que a natureza lhes recusou, ela dá mais. O risco desse tipo de adoção é a criança adotada se sentir cheia de rancor.

O poder dos antepassados

Nós tiramos nossas forças dos nossos antepassados, nossa fraqueza e nossas carências podem provir dos emaranhamentos em seus problemas ou de identificações com eles.

- **Os emaranhamentos históricos**

Quando nosso comportamento destrutivo é exercido sobre nosso cônjuge ou sobre nossos filhos, há uma forte possibilidade de que ele seja provocado por um emaranhamento ou uma identificação. Se seus pais se comportaram um em relação ao outro de um certo modo, é provável que você esteja inclinado a reproduzir esses comportamentos. Se seus avós tiveram algumas dificuldades como casal, você se arrisca a reproduzi-los se estiver emaranhado neles.

ESTUDO DE CASO

Na Polônia, eu montei uma constelação abstrata. Ninguém foi representado como tal. Colocamos uma fila de homens para representar os poloneses e uma fila de mulheres para representar as polonesas. À medida que a constelação progredia, apareciam sentimentos de desconfiança visceral, de medo e de tristeza. A história da Polônia está recheada de guerras durante séculos. Cada menino devia, cedo ou tarde, tornar-se soldado e morrer em combate. Desse ponto de vista, uma mulher tinha de seu marido a visão de um soldado que, mais cedo ou mais tarde, seria morto. Os homens caíam, um após o outro. As mulheres se olhavam, procurando encontrar forças ao se olharem umas às outras. Pouco a pouco, as mulheres vão em direção aos homens, os ajudam a se levantar. Eu lhes dito as palavras que dirigem aos homens: "Agora, eu o vejo como um marido que viverá comigo até a velhice e que terá o prazer de conhecer seus netos como eu." O efeito foi muito forte, tanto nos homens como nas mulheres.

O país e a religião dos nossos antepassados

Nossa família vive num país com o qual mantém um vínculo indestrutível; o fato de pertencermos ao nosso país está repleto de sentido. Temos também uma religião de nascimento que devemos respeitar.

ESTUDO DE CASO

A mãe de uma mulher fugiu da Alemanha. O pai dessa mulher fugiu da Rússia. Essa mulher encontrou um homem com quem se casou num terceiro país. Seu filho insistiu em aprender alemão na escola e finalmente foi morar na Alemanha, o país de origem de sua avó. Sua filha aprendeu russo e partiu para trabalhar na Rússia.

Os pais, ainda que fossem os dois de confissão judaica, não eram praticantes. As circunstâncias fizeram que seus netos freqüentassem uma escola judia.

- **O apoio dos antepassados às relações**

Às vezes, numa constelação, observa-se que uma pessoa é particularmente frágil. Não consegue ir ao encontro do companheiro na plena posse de suas forças, o que acaba causando o fracasso da relação. Eis um exercício que vai permitir que você tenha acesso à força de seus antepassados.

- **Extraia sua força da força dos seus antepassados**

Imagine que está diante do seu cônjuge que dirige o olhar diretamente para os seus olhos. Pergunte a si mesmo se está se sentindo forte ou fraco. Imagine agora que seu pai (se você for homem) ou sua mãe (se você for mulher) está atrás de você. Isso o torna mais fraco ou mais forte? Se isso o torna mais fraco, é provável que seu ascendente do mesmo sexo tinha também dificuldade em se sentir forte nos relacionamentos.

- **Apóie-se em seus antepassados para achar consolo quando for necessário**

Agora, se você for homem, continue a imaginar que você está em frente do seu pai, acrescente a presença do seu avô atrás do seu pai, e também a do seu bisavô atrás do seu avô. Imagine-se agora em pé diante de uma longa fila de filhos e de pais. Imagine que você se apóia com toda a confiança em seu pai, as costas contra seu peito e seus ombros. Pronuncie as seguintes palavras, do fundo do seu coração:

"Agora, deixo que a força de todos esses homens me inunde, sinto-me invadido por um sentimento de gratidão e de respeito. Extraio minha força deles. Sou produto dessa linhagem de homens fortes que eu respeito profundamente."

Se você for mulher, imagine sua linhagem feminina. Imagine que você repousa com toda a confiança em sua mãe, as costas contra o peito e os ombros, e pronuncie estas palavras, do fundo do seu coração:

"Agora, deixo que a força de todas essas mulheres me inunde, sinto-me invadida por um sentimento de gratidão e de respeito. Extraio minha força delas. Sou o produto dessa linhagem de mulheres fortes, que eu respeito profundamente."

• **O reconhecimento de nossos antepassados**
Imagine que todos os seus antepassados digam: "Nós vemos em você um homem/uma mulher. Nós nos alegramos pelo homem/pela mulher que você é. Abençoamos o homem/a mulher que você é."

- **Abrir-se ao amor de seus antepassados**

Deixe que o amor que está na fonte do dom da vida se espalhe por sua linhagem de antepassados até chegar a você.

Esses exercícios permitem realmente que você ofereça sua feminilidade ou sua virilidade a seu parceiro, estando na posse total de sua força.

Extraia a força das fontes da vida

Nossa vida não vem apenas dos nossos pais, ela vem também de nossos antepassados e da "fonte". Nossos pais nos põem em contato com a fonte da vida. Quando honramos nossos pais e antepassados, honramos também essa fonte.

Imagine seus pais em pé atrás de você, os pais deles atrás deles, e assim por diante, até remontar, a um número incalculável de gerações. Agora, imagine uma luz intensa atrás deles e que essa luz os inunda, que ela se espalha sobre você, depois sobre seus filhos e descendentes. Deixe-se invadir por um sentimento de gratidão!

5

Extensão do campo de aplicação das constelações

O método das constelações familiares pode ser amplamente estendido a campos de energia "constelares" extremamente variados. A utilização das constelações nos *workshops* é uma aplicação que evolui.

Eu mesma empreguei esse método para lançar luz sobre o sentido de um sonho. Tive também um prazer enorme ao utilizá-lo com um grupo de jovens atores.

As constelações na empresa[11]

Trata-se de um campo de aplicação extremamente novo do método das constelações. As regras das

---

11. Eu me refiro aqui ao artigo de Gunthard Weber, "Repareer niet war werkt", no livro de Bert Hellinger, *Leven so als het is: Werken met familieopstellingen, organisatieopstellingen en constultatieopstellingen*.

constelações familiares aplicam-se aqui com algumas variantes. No que se refere à hierarquia e às normas de prioridade, os membros mais velhos da empresa são prioritários. Entretanto, essa situação é flexível. A prioridade em grupos de trabalho específicos pode ser organizada de maneira diferente. O respeito de cada empregado é igualmente primordial, assim como o reconhecimento da contribuição de cada um e o equilíbrio do fato de dar e o de receber. O direito da vinculação é importante, da mesma maneira que o fato de reconhecer as conseqüências de uma demissão. Os terapeutas tomam cuidado para não se tornarem muito indiscretos quanto aos detalhes íntimos da vida dos participantes.

Os sonhos

Os sonhos se revelam maravilhosamente quando são representados numa constelação.

ESTUDO DE CASO

Uma cliente que eu conheço bem me disse antes de um workshop que ela tinha constantemente o mesmo sonho. No sonho apareciam duas mulheres, uma gentil e meiga, a outra cruel. Seis homens também faziam parte da cena. Eu a fiz representar o sonho, do mesmo modo que montamos uma constelação familiar. Essa constelação revelou a atitude nociva que as mulheres dessa família há gerações vêm mantendo em relação aos homens. Ela permitiu que uma solução para isso fosse encontrada.

O teatro

Eu pratiquei o método das constelações familiares com um grupo de jovens atores que desejava aprofundar suas habilidades. Uma boa representação teatral nos toca profundamente. Ela pode nos esclarecer sobre certos aspectos obscuros da nossa própria vida. Ficamos, entretanto, menos envolvidos nas relações que mantemos com as personagens do que em nossas relações familiares.

Os jovens atores escolheram *Romeu e Julieta,* de que fizemos duas constelações. Em primeiro lugar foi o diretor quem montou a constelação: ela mostra que a mãe de Romeu e o pai de Julieta sentiam muita atração um pelo outro. Ficamos todos interessados nisso como a possível chave da história. A segunda constelação foi montada por um dos atores. Nessa, a relação conflituosa entre Romeu e seu pai foi revelada.

Concordamos todos em reconhecer que essas duas constelações tinham permitido penetrar mais na compreensão íntima dessa peça. Não abordamos as dimensões pessoais daquilo que foi montado na constelação.

A utilização de palavras libertadoras por outras terapias

As *declarações de verdade* ocupam um espaço dentro de inúmeras terapias. Eu as utilizo em minha prática e para ensinar o trabalho sobre a respiração,[12] o diálogo interior[13] e a consciência energética. Utilizar uma *declaração de verdade* como ponto de partida de uma sessão de trabalho sobre respiração leva a experiências muito profundas!

ESTUDO DE CASO

Uma cliente tinha raiva da mãe e se sentia na posição de vítima. Ela tinha sido o tipo de bebê que dorme de dia e chora à noite. Eu pedi que ela pronunciasse as seguintes palavras liberta-

---
12. Eu o remeto a meu livro *Conscious Breathing, How Shamanic Breathwork Can Transform Your Life*, North Atlantic Books, 2005.
13. Cf. meu livro *De la thérapie de l'ego à la quête de l'âme*, Éditions Jouvence, coleção prática.

doras: "Querida mamãe, sinto muito por não ter podido ser o tipo de bebê que você gostaria que eu fosse." Isso marcou o fim do seu sentimento de ser vítima. Foi uma descoberta fundamental.

Essas *declarações de verdade* podem ser importantes em inúmeros métodos e situações terapêuticas.

6

Detalhes práticos

O cliente adequado

Este método convém àqueles que são capazes de assumir sua responsabilidade individual, que desejam isso e que são suficientemente corajosos para aceitar a verdade que surge dele, mesmo aquela que seja particularmente difícil. É feito para aqueles que não querem limitar seu compromisso com seu desenvolvimento espiritual. Não é indicado para pacientes que sofrem de fragilidade psicológica, a menos que estejam acompanhados por seu terapeuta. Se você deseja um tipo de terapia que não abale o seu nível de conforto, então se abstenha deste método!

ESTUDO DE CASO

Um grupo de terapeutas profissionais de diferentes linhas veio fazer sua iniciação no método das constelações familiares. Todos tinham o hábito de trabalhar sob contrato. Um contrato firmado entre um cliente e o terapeuta é um meio para controlar a possibilidade do terapeuta intervir além do nível de conforto de um cliente.

Uma mulher se propôs como cliente. Ela expôs seu problema: sua filha adotiva tornara-se um problema para ela. O terapeuta, um homem muito sábio e experiente, colocou a filha adotiva com seus pais biológicos na constelação. Produziu-se uma reconciliação maravilhosa. A cliente, furiosa, rejeita a solução. "Nosso acordo é que você trabalhasse comigo e com minha filha adotiva", dizia ela insistentemente. Mas a relação entre a filha adotiva e seus pais biológicos estava em primeiro lugar! Era então a prioridade natural desse trabalho.

A cliente queria utilizar a constelação para controlar o comportamento de sua filha adotiva e torná-la dócil. No caso, não se trataria da utilização de uma constelação, mas de um abuso de utilização. Felizmente, as constelações não se prestam a esse tipo de manipulação.

Em muitos países, as pessoas são obrigadas a assinar um documento antes que o terapeuta aceite trabalhar com elas.

O terapeuta adequado

Bert Hellinger sempre se recusou a controlar ou patentear seu método de trabalho, preferindo que seu trabalho se expandisse livremente.

Para começar, nos tornávamos terapeutas com o engajamento e a experiência. As pessoas participavam de inúmeros *workshops*, mergulhavam no método das constelações, depois, um dia, já sabiam o bastante para orientar os grupos.

Hoje, o controle está misturado às práticas, essa liberdade abre espaço progressivamente às formações e aos sistemas de validação. Os institutos Hellinger surgiram em diversos países. Em alguns deles, os terapeutas só são reconhecidos se forem anteriormente formados em uma terapia aprovada.

Qualquer problema pode ser tratado na constelação familiar?

Nenhum método pode ser rotulado como infalível. Existem problemas específicos para os quais as constelações familiares têm demonstrado eficácia e poder. Outros tipos de problema não pertencem ao seu domínio de competência. Um terapeuta que demonstre sabedoria saberá reconhecer o caráter oportuno de uma constelação.

CONCLUSÃO

Espero ter explicado o método das constelações familiares de maneira clara e mostrado a sua importância.

Ler livros sobre este tema é uma forma de aprender: nessa direção, as obras de Bert Hellinger são indispensáveis. Assistir ao trabalho de uma constelação é também uma dimensão importante e eu insisto com você para que veja alguns dos inúmeros filmes de Bert Hellinger.

Fazer você mesmo a experiência das constelações familiares é a essência desse trabalho. Insisto para que participe de grupos de trabalho, seja como espectador, representante ou cliente, se você estiver emaranhado em seu campo de energia familiar e repetindo os problemas de seus pais e das gerações precedentes. Quanto a mim, eu considero um imenso privilégio o fato de orientar as constelações familiares.

BIBLIOGRAFIA

Hellinger, B., Weber G., Beaumont H., *Love's Hidden Symmetry: What Makes Love Work in Relationships*, Phoenix, Arizona, Zeig, Tucker & Co., 1998. [*A Simetria Oculta do Amor*, publicado pela Editora Cultix, São Paulo, 1999.]

Hellinger, B., *Allons de l'avant, la vraie raison des crises conjugales et leurs solutions*, Guy Trédaniel, 2004.

Hellinger, B., *Pour que l'amour réussisse: la dynamique de l'amour dans les relations de couple*, Guy Trédaniel, 2004.

Hellinger, B., *Les Fondements de l'amour dans le couple et la famille: constellations familiales*, Le Souffle d'Or, 2002.

Hellinger, B., Ten Hövel G., *Constellations familiales: comprendre les mécanismes des pathologies familiales*, Le Souffle d'Or, 2001. [*Constelações Familiares – O Reconhecimento das Ordens do Amor*, publicado pela Editora Cultrix, 2001.]

Ulsamer B., *Manuel des constellations familiales*, Jouvence, 2005.

Weber, G., *Les liens qui libèrent. La psychothérapie systémique de Bert Hellinger*, Paris, IFKA, Grancher, 1998.

Weber, G. *"Repareer niet wat werkt"* in *Bert Hellinger, leven so als het is: Werken met Familieopstellingen, Organisatieopstellungen en Constultatieopstellingen*, Uitgeverij Het Noorderlicht, 2002.

Outras fontes de informações
"Les Dimensions de l'Amour", vídeo disponível na
http://www.ibh-ne.ch/mediatheque.html

Programa de ensinamentos de Bert Hellinger no site www.hellinger.com

Dra. Joy Manné, e-mail: joymanne@i-breath.com
Bernard Munsch: http://www.ibh-ne.ch